I spy easter Coloring book

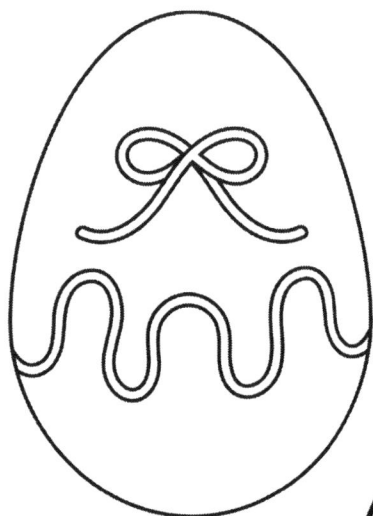

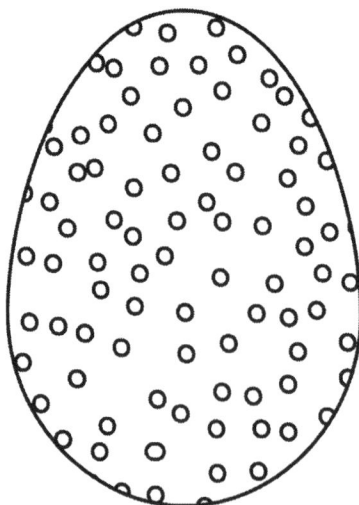

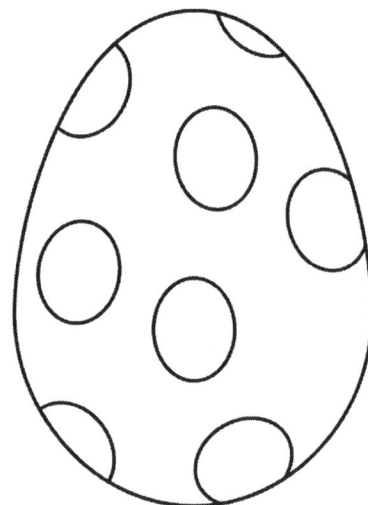

This Coloring book belongs to

_____

_____

Circle up and color all the Items that start with A

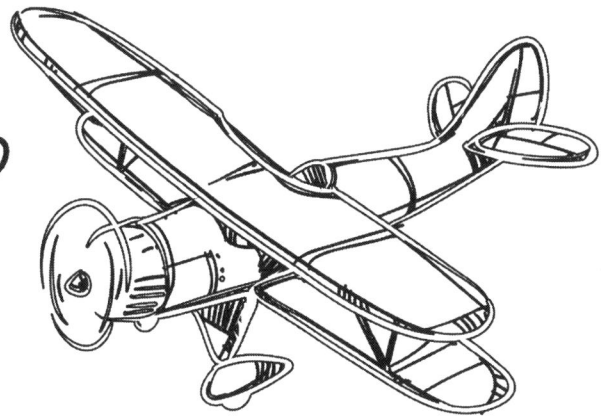

A

Circle up and **color** all
the Items that start with **B**

B

Circle up and Color all the Items that start with C

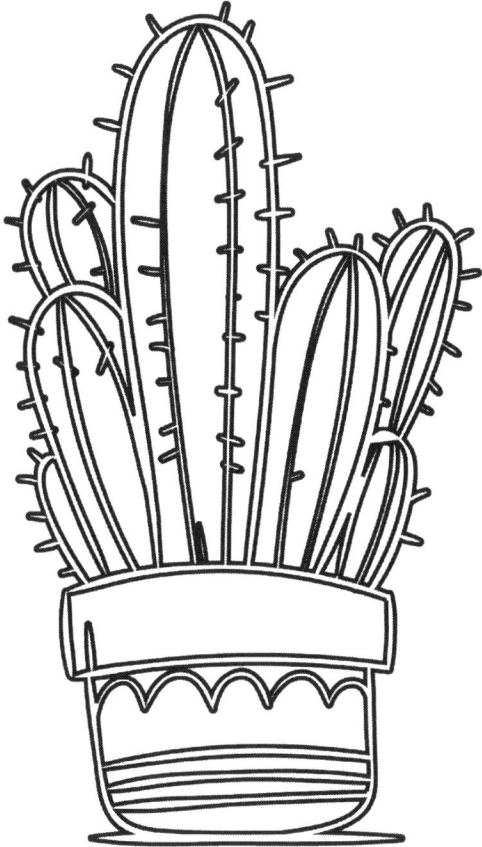

Circle up and Color all the Items that start with D

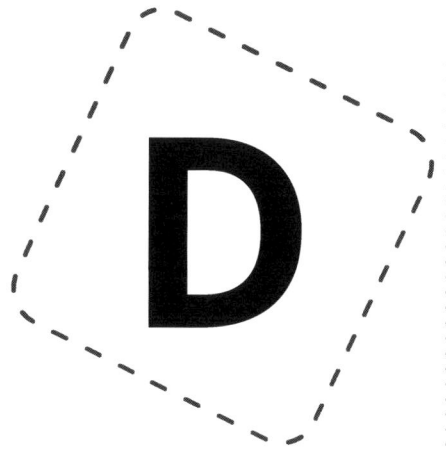

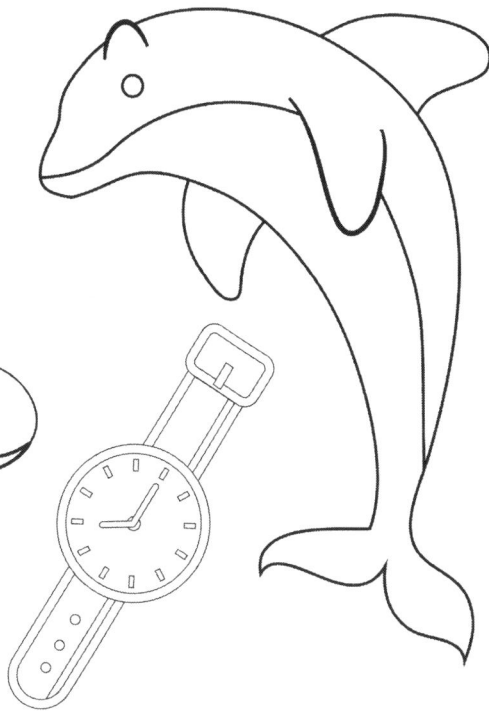

D

Circle up and **Color** all
the Items that start with **E**

E

Circle up and Color all the Items that start with F

F

Circle up and Color all the Items that start with G

G

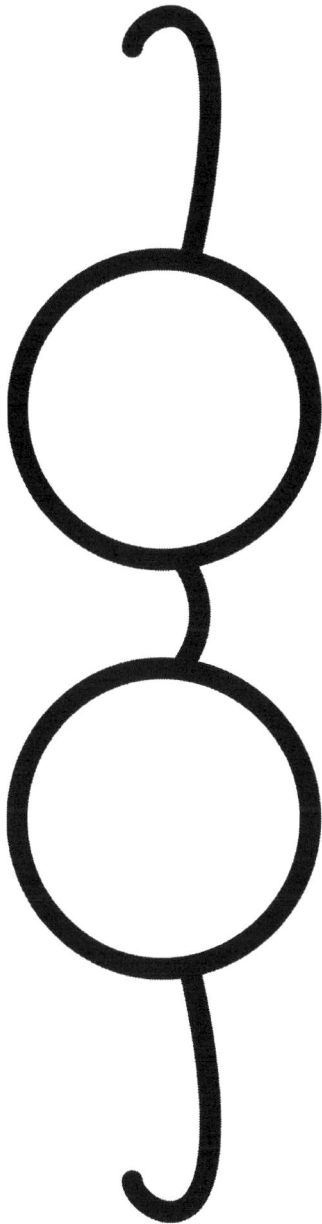

Circle up and Color all the Items that start with H

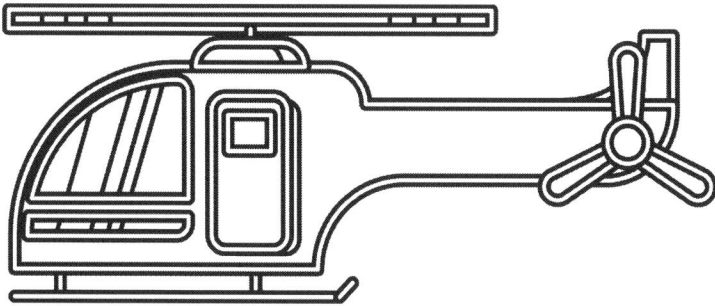

H

Circle up and Color all the Items that start with I

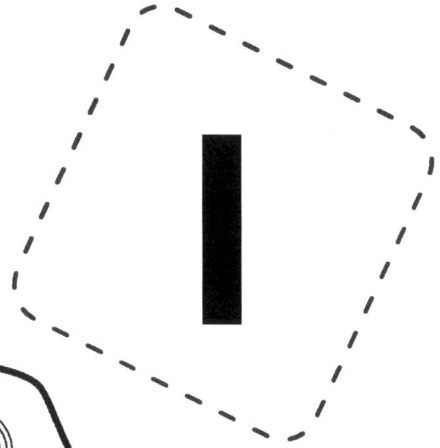

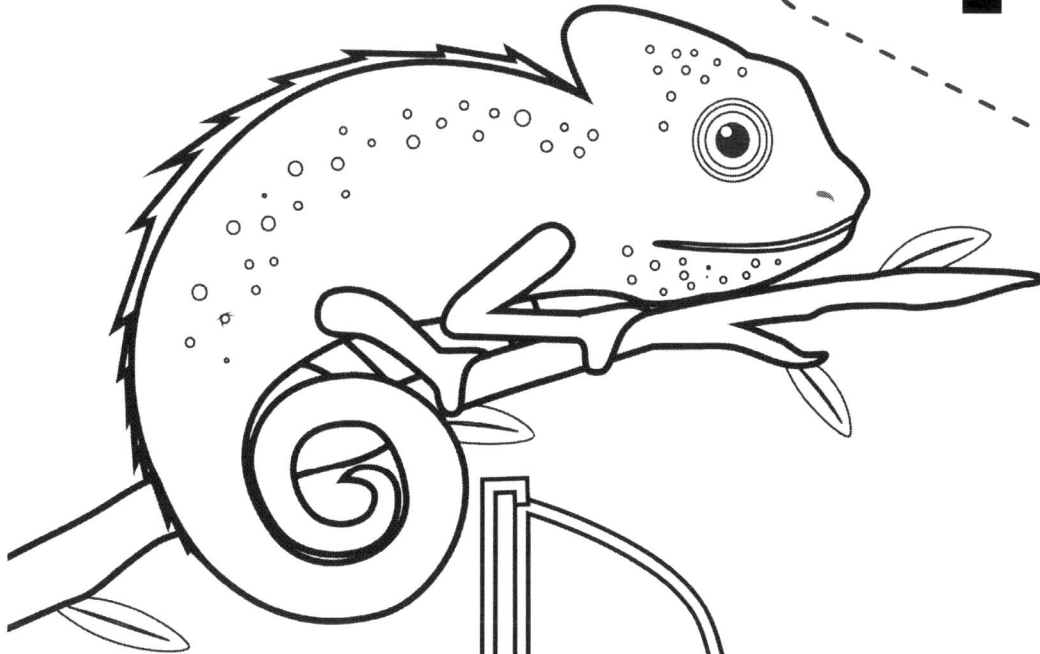

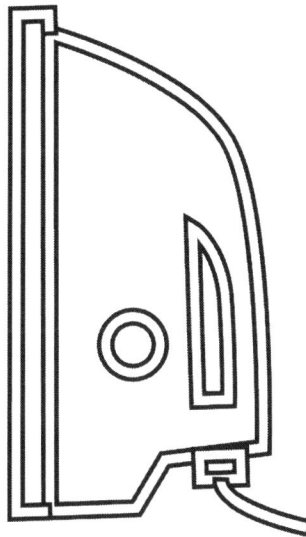

I

Circle up and Color all the Items that start with J

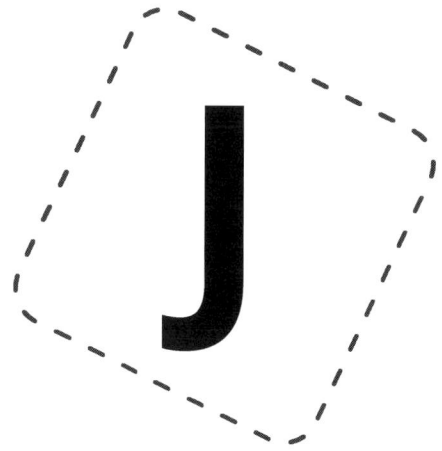

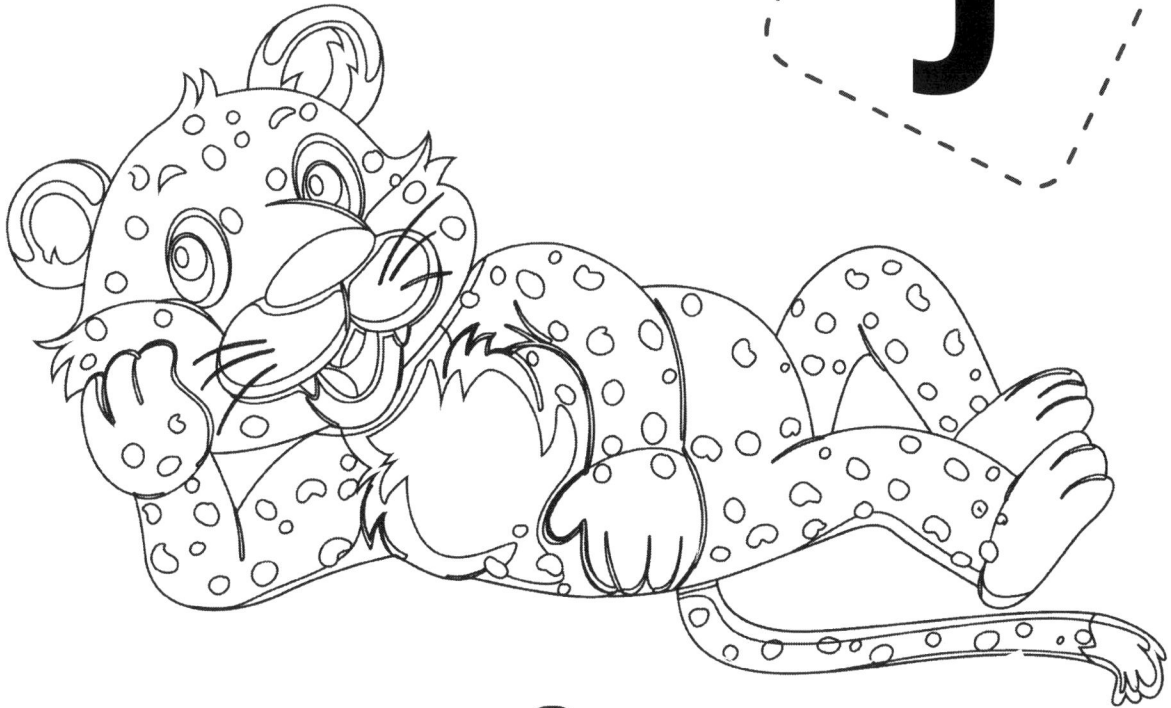

J

Circle up and Color all the Items that start with K

K

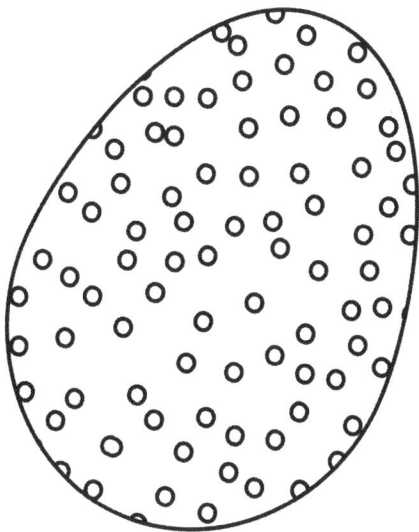
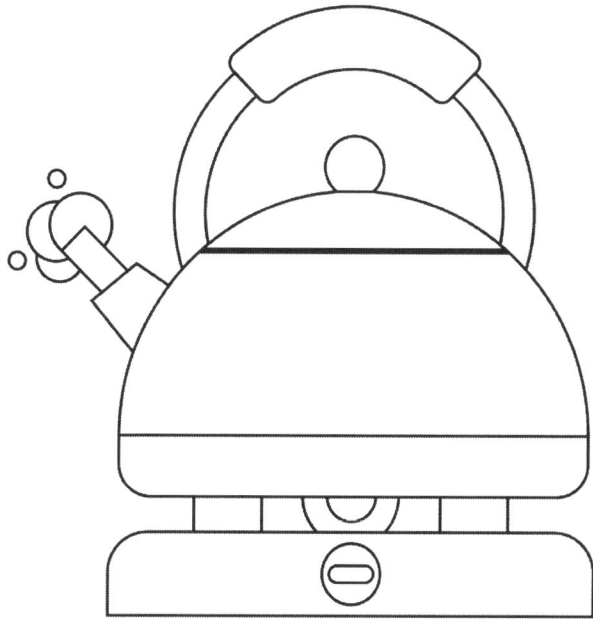

Circle up and Color all the Items that start with L

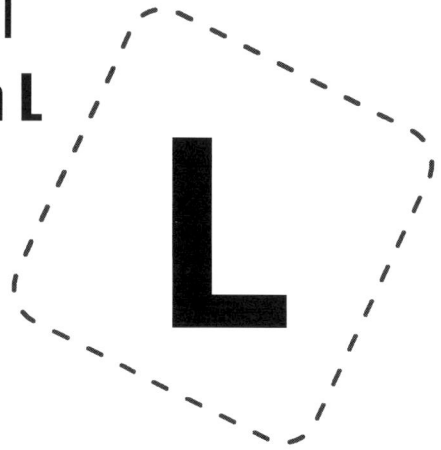

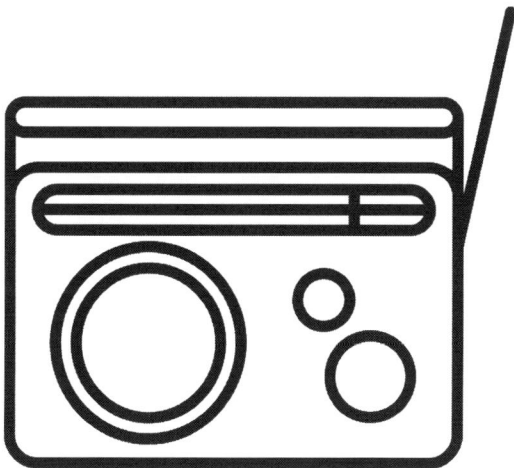

L

Circle up and **Color** all
the Items that start with **M**

Circle up and **Color** all
the Items that start with **N**

N

Circle up and Color all
the Items that start with O

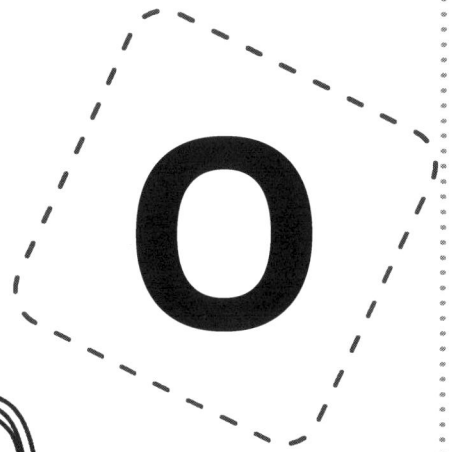

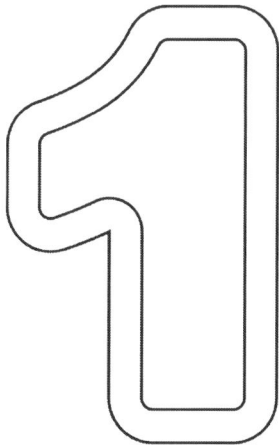

O

1

Circle up and Color all the Items that start with P

P

Circle up and **Color** all
the Items that start with **Q**

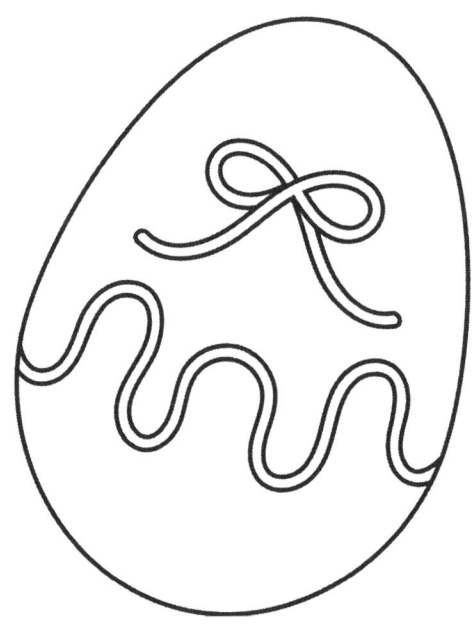

Q

Circle up and **Color** all
the Items that start with **R**

R

Circle up and **Color** all
the Items that start with **S**

S

Circle up and **Color** all the Items that start with **T**

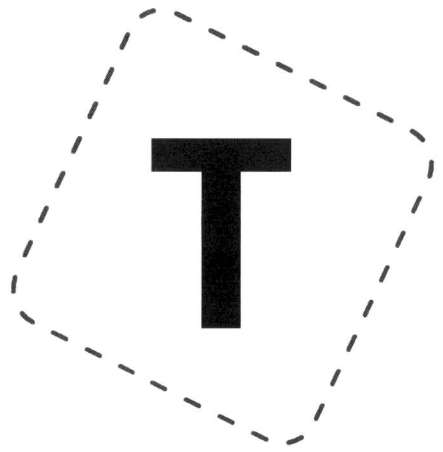

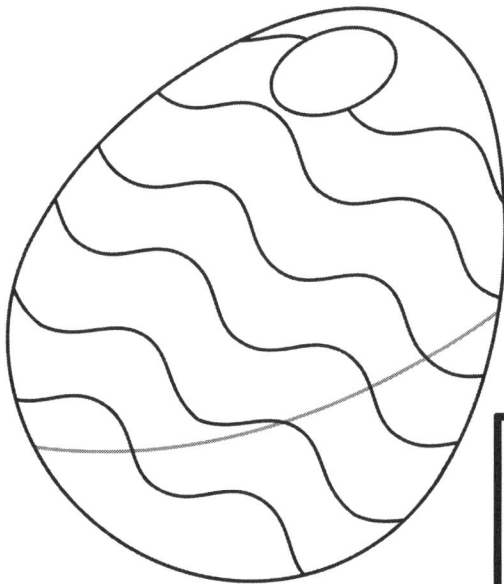

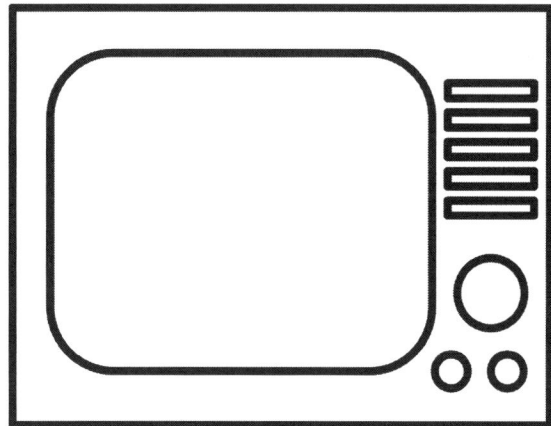

T

Circle up and **Color** all
the Items that start with **U**

U

Circle up and **Color** all
the Items that start with **V**

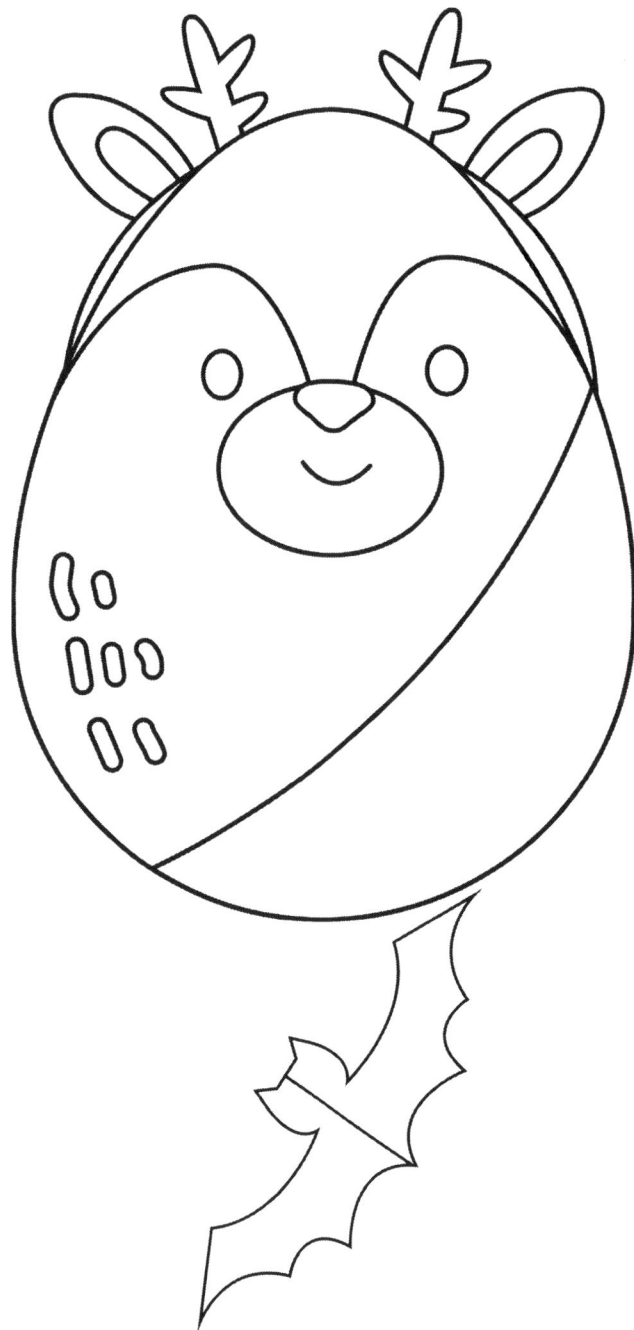

V

Circle up and **Color** all
the Items that start with **W**

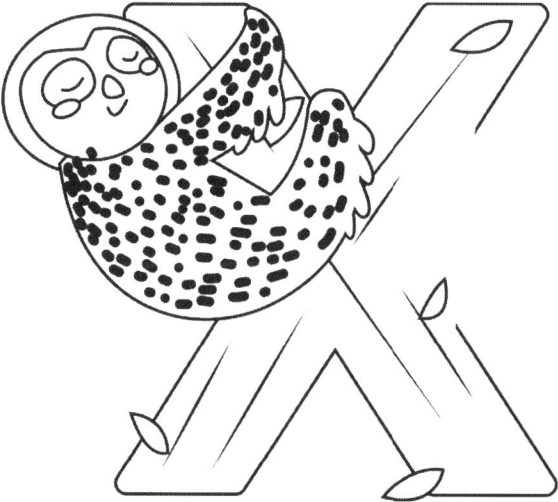

W

Circle up and **Color** all
the Items that start with **X**

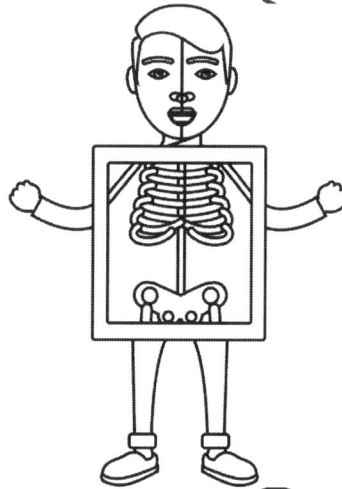

X

Circle up and **Color** all
the Items that start with **Y**

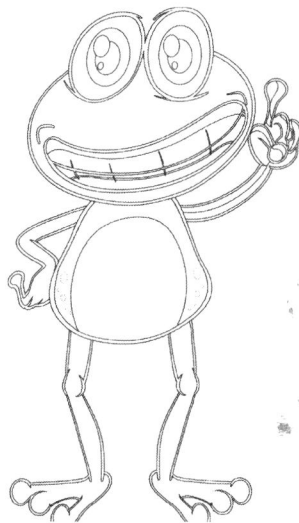

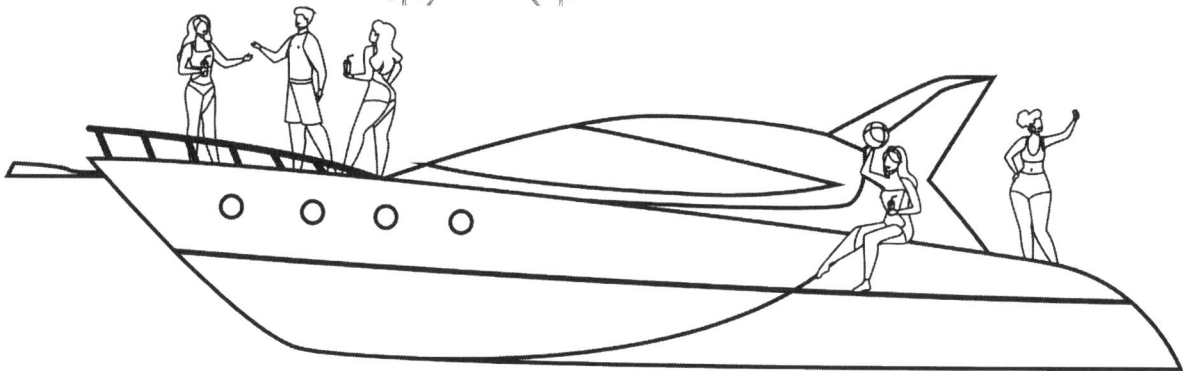

Y

Circle up and **Color** all
the Items that start with **Z**

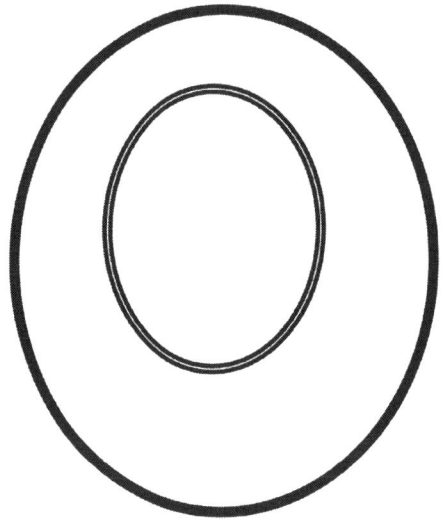

Z

Made in the USA
Las Vegas, NV
25 February 2021